LETTRE

SUR LA SESSION DE 1831,

PAR M. DE CORMENIN.

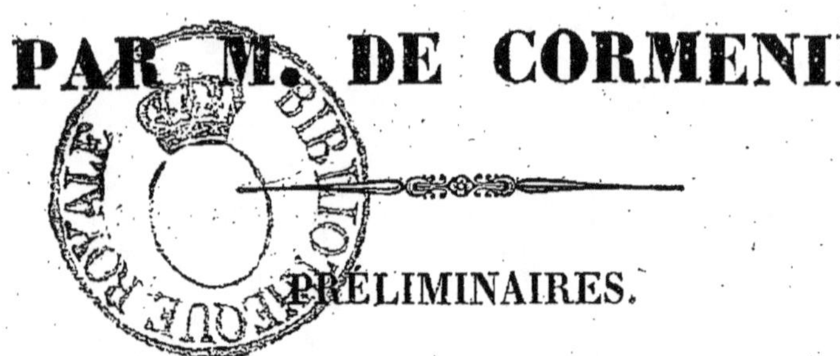

PRÉLIMINAIRES.

Pour bien juger les effets, il faut toujours remonter aux causes.

Chez les peuples libres, tout est dans la loi électorale ; toute loi électorale contient une révolution dans son sein.

L'assemblée constituante, en substituant le vote par tête, au vote par ordre, renversa une monarchie de huit siècles.

La constitution de l'an VIII, en ôtant l'élection au peuple et la parole aux législateurs, prépara les envahissemens du despotisme.

La loi du 5 février 1817, qui organisa le suffrage direct, faillit, au second coup de levier, jeter bas la Charte de Louis XVIII.

Les fameuses ordonnances de juillet bouleversaient, dans le sens oligarchique, les bases de l'élection.

Le bill de réforme ne secoue l'Angleterre jusque dans ses fondemens, que parce qu'il touche aux élections.

La chambre actuelle est fille de la loi électorale de 1830, et cette loi était l'œuvre du double vote, de la quasi-légitimité et du monopole. Elle a donné l'empire aux doctrinaires contre le principe populaire de la révolution de juillet : c'est ce qu'il était facile de prévoir.

En imposant un sens d'éligibilité, la loi réactionnaire de 1830 avait proscrit toutes les capacités intellectuelles. M. Say, pauvre, Benjamin-Constant et Manuel, pauvres, Châteaubriand, pauvre, et jadis l'immortel auteur du *Contrat social*, Rousseau ; Mirabeau lui-même, ce foudre d'éloquence, la première gloire de la tribune, tous privés par le hasard ou par les habitudes insouciantes du génie, d'un cens contributif de 500 fr., n'auraient pas pu s'asseoir sur les bancs de cette chambre, où viennent se ranger symétriquement tant de microscopiques censitaires que l'œil le plus perçant et le plus exercé ne peut découvrir dans la nuit profonde qui les enveloppe.

La représentation par arrondissemens devait amener sur ces bancs des coqs de village, des célébrités de carrefour, toujours prêts à s'incliner devant les auréoles dorées qui scintillent au front des ministres.

On savait qu'un auguste personnage, verbe incarné, type primordial du juste-milieu, avait positivement repoussé les intellectualités, et soufflé l'amendement bizarre qui, d'une moitié de boue et d'une moitié de génie, pétrissait un tout d'électeur.

Le père suprême de la doctrine avait, du haut de sa chaire boursoufflée, tonné contre les prolétaires éloquens, lui qui fut long-temps prolétaire avant d'être éloquent ; mais on ne se souvient de rien.

Enfin, à l'aide des 1,500,000 fr. de la police habilement distribués, de la frayeur périodique des émeutes, de certains voyages électoraux et de certains pamphlets calomnieux lancés contre les patriotes, on avait ébranlé le libéralisme flottant des hommes du monopole, et la nouvelle chambre arrivait toute molle, toute inerte, toute minée par cette fièvre contagieuse du tremblement des membres, qui ne l'a pas quittée jusqu'à la fin.

I.

Cependant M. Casimir Perier doutait encore de sa fortune, et le mal honteux de la peur, qu'il avait inoculé aux autres, il le contracta lui-même : le cœur lui manqua. Il mit assez gauchement sa démission aux enchères de la présidence, et il s'était avancé, dans sa mauvaise humeur, contre M. Laffitte, au point que, pour quelques voix de moins, il perdait la partie. C'eût été un malheur pour la France, un grand malheur, car il fallait qu'elle sentît, par une expérience longue et douloureuse, seule capable de l'en guérir à jamais, tout ce qu'il y a de lâcheté, de honte, de corruption et de misère dans le système du juste-milieu. Sans M. de Polignac, aurions-nous eu la révolution de juillet ?

Sorti de la crise de la présidence, le ministérialisme de la banco-doctrine prit son essor. Ces espèces de députés, qui sont toujours à flairer d'où vient le vent, se tournèrent vers M. Casimir Perier et battirent des ailes. On se compta. La majorité se fit.

Aussitôt, la discussion de l'adresse révèle les pensées étroites et rétrogrades de cette majorité. Inspirée par les répugnances du monopole, elle repousse la proposition de communiquer aux capacités intellectuelles l'exercice gradué des droits municipaux et politiques. Elle ne cède qu'après des résistances tortueuses, au vœu d'alléger les impôts qui pèsent sur les classes pauvres et souffrantes. Elle s'écrie avec les doctrinaires que la révolution de juillet n'est point une révolution sociale, mais une révolution politique qui s'est contentée de changer le chef du gouvernement, en laissant subsister les pensions, les dignités, les sinécures et tous les abus de la restauration, dans l'intérêt et pour le profit exclusif des sauveurs de la France, des hommes de la camarilla, des héros du lendemain.

Pendant que le bélier russe frappe à coups redoublés aux portes de Varsovie, les plus subtils esprits de la chambre consument leur temps, comme les Grecs du Bas-Empire, à décomposer la valeur d'un mot. Dira-t-on que la Pologne *périra* ou ne *périra point*, qu'on en a la *certitude* ou l'*assurance*, ou l'*espoir*? y a-t-il, entre ces trois mots, différence ou synonimie? On se dispute sur leur signification pendant des heures entières; il se fait un tumulte si effroyable qu'on le qualifie d'*émeute*. Enfin, MM. Bignon et Sébastiani se rencontrent au bas de la tribune, ils se disent une parole à l'oreille, et ce grand vacarme tombe, et tout est fini : la France a désormais l'*assurance* que la nationalité de la Pologne *ne périra pas*. Quelle assurance! que de grands mots pour quel effet!..... Guerriers étrangers, qui défendez l'indépendance de votre patrie, citoyens, qui mourez pour elle, fiez-vous aux déclarations des députés de la France! A-t-on jamais vu, dans aucun pays, une pareille mistification?

Ce fut un beau début de session, il faut l'avouer, que cette déplorable adresse qui nous attachait, au-dedans, au char de la restauration, et qui, au-dehors, nous mettait aux genoux de la sainte-alliance.

Dès-lors, il était facile de juger que tous les travaux de la chambre seraient frappés d'atonie, et qu'elle se fatiguerait à tortiller jusqu'au tombeau, de défaillance en défaillance, son corps traînant et sa vie étiolée.

Peut-être la fécondité de l'initiative parlementaire aurait pu la ranimer; mais les ministres s'empressent de l'éteindre systématiquement. Selon eux, proposer une loi, c'est attenter à la prérogative royale. Ils ne peuvent sortir des habitudes de la Charte de 1814. Est-il dans la Charte de 1830 un article ancien qui secoure le pouvoir? vite on l'exagère, on le nourrit, on le commente, on l'alonge, on le développe dans tous les sens. Y a-t-il un article nouveau qui garantisse la liberté? On le pourchasse comme un intrus, on le traite comme un séditieux, on l'annihile par la force d'inertie. Voilà comme le ministère du 13 mars et sa majorité ont, pendant tout le cours de la session de 1831, compris et expliqué la révolution de juillet!

Pendant que notre politique humble et souple se roulait, de protocole en protocole, aux pieds de la Russie, de la Prusse et de l'Autriche; pendant que la nationalité de la Pologne qui ne devait pas périr, teignait de son sang glorieux les champs de bataille de Grochow, d'Ostrolenka et de la Lithuanie, et expirait lentement en invoquant le nom et les sympathies de la France; une majorité de 221 députés exprimait, au nom de cette France qu'elle a dit représenter, sa *satisfaction* sur la conduite du ministre des affaires extérieures.

Cet ordre du jour motivé que l'histoire qualifiera insolemment, ce témoignage immortel de l'égoïsme du juste-milieu et de la dureté des hommes de bourse, servira de pendant, à la *certitude*, à l'*espoir* et à *l'assurance* de la fameuse *adresse*. Les peuples jugeront si, lorsqu'ils ont le sabre à la main et qu'il s'agit de vaincre ou de mourir pour la liberté, les promesses royales et les phraséologies parlementaires des hommes du monopole, signifient quelque chose et leur sont de quelque secours. Pauvres peuples, comme on se moque de vous !

Au-dedans, la mistification s'organise et les rôles sont prêts.

On n'a fait jusqu'ici que pelotter, en attendant la partie. Le jeu va s'ouvrir.

Trois points culminans domineront la session :

La pairie ;

La liste civile ;

Le budget;

Le reste se groupe tout autour.

II.

Forcé de s'expliquer, soit par la prescription impérative de la Charte, soit par l'attente unanime de la France, M. Casimir Perier apporte enfin son projet sur l'institution de la pairie.

Dans un pitoyable discours où il conclut contre l'hérédité, après avoir plaidé pour, le ministre flatte, d'une main caressante, les tendances aristocratiques des doctrinaires; il gronde et il supplie, il s'avance et il se retire, il tâte, il essaie encore le pouls de sa majorité; il ne désespère pas de remporter, sur la révolution de juillet, un triomphe que les langues présomptueuses de quelques étourneaux murmurent à son oreille.

Le grand prêtre de la doctrine, dans une lugubre homélie, prédit la ruine de la France qui ne se prosterne plus devant les ténèbres de son intelligence, et M. Thiers, en sophiste exercé aux arguties de l'école, fait mentir à-la-fois les faits, l'histoire et la théorie.

Mais, malgré les séductions du ministère, les prédictions de Calchas et les sophismes des rhéteurs, le vœu des colléges électoraux, éclairés par la presse, avait été si unanime que la majorité des députés dut fléchir devant ce vœu. C'est à la presse, à la presse seule que nous devons l'abolition de l'hérédité. La chambre n'a été que son porte-voix ; mais, ce qu'on n'aurait pu croire, c'est que si cette victoire sur l'hérédité, dont la France ne lui doit aucune reconnaissance, épuisa dans la majorité un reste de patriotisme, elle énerva aussi les forces vitales de l'opposition. En effet, il ne s'agissait pas seulement de savoir si les pairs seraient héréditaires ou à vie; il s'agissait aussi de savoir s'ils seraient nommés par les ministres ou par les électeurs ; et cette dernière question n'était pas moins grave que la première, puisqu'elle se rattachait plus étroitement encore au dogme de la souveraineté du peuple, car ce dogme n'aurait pas été anéanti, si l'on eût permis aux électeurs de nommer des pairs même héréditaires, puisqu'il était reconnu que la nation pouvait déléguer ses pouvoirs à un roi héréditaire, tandis que permettre au roi seul de nommer des pairs, c'est-à-dire, pour les appeler de leur vrai nom, des législateurs, c'était contraindre la nation à abdiquer sa souveraineté. La violation du principe était flagrante, sans excuse, sans nécessité, et malheureusement sans remède. C'est ce que l'opposition n'a pas assez senti. Elle devait rester opiniâtrement attachée au principe de l'élection, et s'abstenir de voter dès que le principe eut succombé. Mais, loin de là, aussitôt qu'on aborda les catégories, non-seulement l'opposition ne les repoussa pas en bloc, quelles qu'elles fussent, mais encore elle vota pour des catégories amendées. Ce fut, selon nous, une faute, une très-reprochable faute. En effet, adopter les amendemens qui détruisaient de fond en comble le principe de l'élection, c'était voter contre l'élection après avoir voté pour, et cette faute s'est reproduite dans la délibération du scrutin, comme dans la délibération par assis et levé. Chose remarquable et qui fait voir combien, dans le tumulte de leurs préoccupations, les assemblées françaises s'assujétissent peu aux conditions des procédés logiques ! plus de moitié des membres de la minorité ministérielle qui avait préparatoirement voté en faveur de l'hérédité, vota au scrutin définitif en faveur des catégories qui impliquaient cependant la destruction du principe de l'hérédité.

Ainsi, le parti national et le parti ministériel ont tous les deux, et tour-à-tour, dans la question de la pairie, déserté leurs propres principes ; menez donc, après cela des assemblées françaises !

Au surplus, l'avenir justifiera les attaques que l'opposition et les doctrinaires eux-mêmes ont porté contre le système des catégories, misérable invention de la commission, qui substitue à une aristocratie puissante par l'ancienneté et par les richesses, une oligarchie bâtarde de fonctionnaires publics et de serviles députés qui tourneront, comme des jouets d'enfans, sous les coups de fouet du premier ministre.

Il n'y avait que l'élection qui pût donner, non pas l'éternité, mais quelques jours de vie, à l'institution épuisée de la pairie française, création postiche, imitation burlesque de la pairie britannique, mécanique tordue qui fonctionnait, tant bien que mal, dans la Charte de Louis XVIII, et que la Charte de 1830 a conservée, comme tant d'autres choses, on ne sait, en vérité, pourquoi.

Le temps qui seul éprouve bien les institutions humaines, fera, nous n'en doutons pas, sentir de plus en plus, non-seulement l'inutilité, mais les périls de cette complication de rouages parlementaires qui surchargent notre constitution. Il découvrira le néant de ces fictions dont les intelligences empâtées des doctrines n'ont jamais pu expliquer les ressorts. Mais peut-être fallait-il cet intermédiaire de fictions entre les gouvernemens absolus et de droit divin, et les gouvernemens naturels et positifs. Peut-être fallait-il passer par ces épreuves pour arriver à la vérité.

Des rois irresponsables qui président les conseils où se prennent des résolutions adoptées à la majorité des voix , qui promulgent des ordonnances , au nom desquels on prétend parler , agir, commander, et qu'on chasse en vertu de la constitution violée et parjurée , pour avoir mal fait , quoique, d'après cette constitution , ils ne puissent jamais personnellement mal faire ; des députés fonctionnaires, des pairs fonctionnaires , salariés, honorés , décorés, nommés par les ministres ; des ministres responsables de droit, sans l'être de fait ; des électeurs qui font des députés , non parce qu'ils sont les plus capables d'être électeurs , mais parce que le hasard veut qu'ils paient 200 fr. de contributions ; d'autres électeurs qui sont éligibles et députés, non pas non plus parce qu'ils sont les plus dignes de représenter la nation et les plus capables de faire les affaires du pays ; mais parce que le hasard veut aussi qu'ils paient 500 fr. de cens foncier ou industriel ; deux chambres (pourquoi plutôt deux que trois , et trois qu'une) , deux chambres, dont l'une nommée par un monarque irresponsable , vote, avec une autre chambre nommée par des électeurs privilégiés, des impôts qu'il faut que trente-deux millions d'individus paient , quel que soit le chiffre de ces impôts et à quelque usage que l'on emploie tant d'argent, usage auquel il est très-expressément défendu de trouver rien à dire ; un personnage qu'on appelle Roi , et qui, nous fait-on croire, ne saurait décemment vivre si on ne lui alloue pas des palais si grands, chacun , qu'on peut y donner à coucher à quinze cents hôtes , et des forêts si vastes qu'elles couvrent cent cinquante lieues carrées de pays , et par-dessus le marché , tant de millions en beaux écus, et si nombreux qu'ils absorbent le revenu de plusieurs départemens, qu'on appellerait ailleurs des royaumes ; enfin, une presse , le quatrième ou plutôt le premier des pouvoirs, qu'on accable sous le poids des cautionnemens, des taxes du timbre et des frais de la poste , et qu'on livre pieds et poings liés à l'amortissement des fonds secrets de police , au caprice des réquisitoires , et au verdict des jurés choisis par des préfets que nomment des ministres.

Voilà chez nous les principaux élémens du gouvernement *représentatif*, c'est-à-dire, si l'on prenait la chose au mot, du gouvernement qui devrait réellement, sincèrement représenter les vœux, les besoins, les intérêts, la civilisation, le génie et la grandeur de la nation française.

Ce long énuméré des rouages de notre usine représentative, telle que les doctrinaires nous l'ont faite, m'a, je l'avoue, un peu essoufflé. Faisons une pause.

III.

C'est une chose remarquable, dans les assemblées parlementaires, que les parties s'entêtent des fautes de leurs chefs , encore plus peut-être que des leurs propres. Alors, ils deviennent tout-à-fait incorrigibles ; ils perdent la faculté du libre arbitre, et jusqu'aux lumières naturelles de la raison.

Ceci s'applique à l'opposition comme au parti du ministère. Les chefs de l'opposition n'ont pas su ou pu s'entendre, soit qu'il y eût entre eux des rivalités cachées d'ambition, soit qu'il y eût de profondes dissidences de principes. Aussi l'opposition a-t-elle été d'un décousu sans exemple, marchant isolément, portant ses coups au hasard, s'éparpillant dans des escarmouches, au lieu d'aborder les grandes questions en masse, de front et par voie d'ensemble. Si nous n'épargnons pas à nos amis la sévérité de nos réflexions, c'est que nous ne croyons pas qu'ils soient infaillibles, et que notre premier ami, c'est le pays.

De son côté, le parti ministériel, irrité des attaques soutenues et perpétuelles de l'opposition contre la personne de ses patrons, se dévoua pour eux, non pas avec une dignité calme et une conviction réfléchie, mais avec une sorte de frénésie et de dévotion acharnée. M. Casimir Perier, le plus irritable des valétudinaires et le plus despote des ministres, après avoir imprégné de sa colère les hommes naturellement les plus timides et les plus pacifiques des centres, les gangrena du poison de ses doctrines. Ils n'écoutaient plus rien, ils ne parlaient des membres les plus honorables de l'opposition qu'en accolant à leurs noms les épithètes les plus injurieuses. Eh ! qui n'a vu cent fois, du haut des tribunes, l'une des sections de la chambre attirer tous les regards par la fréquence orageuse de ses interruptions, et par l'exaltation de ses menaces et de sa colère ? On eût dit qu'elle respirait par les naseaux, le souffle furieux de M. Casimir Perier.

Cette disposition d'esprit violente se fit bien voir sur-tout lorsque l'insurrection de Lyon éclata. Les paroles les plus incendiaires furent semées dans la délibération des bureaux, et si le ministère tout entier n'eût pas résisté, soit par peur, soit par sagesse, aux impulsions de ces modérés, Lyon et la France peut-être étaient en flammes.

M. Casimir Perier, faible comme tous les hommes bouillans, se sentait poussé par cette majorité, tandis que les doctrinaires cachés derrière lui, l'enfonçaient par la tête dans les sentines de la restauration. Dès-lors, il lui fut impossible de reculer, et il marcha de faute en faute. Il substitua capricieusement, à l'égard des officiers et légionnaires des cent jours, le régime des ordonnances à celui de la loi. Il viola la Charte, en créant des pairs avant l'organisation finale de la pairie. Plus la déchirure qu'il faisait à la constitution était large et profonde, plus les serviles applaudissaient. S'il avait tout à coup été saisi sur son banc d'un accès de folie, et qu'il eût imité les extravagances des empereurs romains, je ne sai si l'on n'eût pas proposé de lui décerner, en plein sénat, le titre de sauveur de la

France et de père de la patrie. Les hommes qui ont une fois dominé une assemblée délibérante, et qui l'ont triturée entre leurs doigts, ne se doutent pas de tout le parti qu'ils pourraient en tirer. Quoi qu'ils fissent, la servilité de l'obéissance irait encore plus loin que leur audace.

A mesure qu'on avançait dans la session, chaque coup de marteau de l'opposition clouait davantage la majorité au ministère qui la pétrissait, comme on pétrit une pâte molle, sans figure et sans couleur.

Nous ne nous occuperons pas de tous les hachis de projets de lois secondaires, d'incidens récriminatoires et de propositions d'initiative, dont la chambre a farci le cours de sa délibération dans l'intervalle qui a séparé la loi sur la pairie de la loi sur la liste civile.

IV.

La majorité avait, dans son vote contre l'hérédité de la pairie, épuisé le peu de verve patriotique qui lui restât. Lorsqu'il s'agit de la liste civile, le courtisan devait, dans le député, l'emporter sur le citoyen, et sans les efforts courageux de la presse, qui avait fait toucher au doigt les abus d'une grosse dotation, on ne peut dire jusqu'où les débordemens de la flatterie auraient gonflé le chiffre.

Louis-Philippe fut traité avec la magnificence d'un prince oriental, d'un Mogol. On lui donna plus de châteaux et de palais que n'en eût jamais Louis XIV, à lui qui, disait-on, avait le naturel débonnaire d'un bourgeois, à lui que, disait-on, flattait le plus beau de tous les titres, le titre de citoyen. La nation fut dépouillée de ses forêts, de ses bibliothèques, de ses musées, de ses diamans, de ses palais. Des députés courtisans effacèrent son grand nom du frontispice même du Louvre, et désormais les glorieuses victimes dont les tombes s'élèvent auprès de la Colonnade, ne reposeront plus sous la garde du peuple que le parjure des rois a trahi et massacré.

Le château des Tuileries, que remplissait à peine la grandeur et la magnificence de Napoléon, maître de l'Europe, ne put pas suffire, malgré la prolongation de ses ailes, à loger Louis-Philippe et sa famille ; et la majesté du peuple, exilée de nos palais et de nos lois, ne trouvera plus de refuge que dans le cœur des amis de la liberté.

Un million allait doter deux mille écoles primaires, et l'obséquiosité de la chambre offrit ce million à un jeune homme de vingt ans, qu'on vantait pour l'excès de sa tempérance et de sa modestie. Quelle tempérance ! Quelle modestie ! Qu'il est profitable à une nation de voir les enfans de ses rois élevés dans la simplicité du collége !

Nous ne devons pas omettre de dire qu'à la fin de cette discussion, où les intérêts des contribuables furent si bien ménagés, on fit une découverte. On trouva qu'aux priviléges fiscaux dont la Charte de 1830 investit le roi, il fallait ajouter celui de ne pas restituer ce qu'il avait perçu de trop, et de garder ce qui ne lui appartenait pas. C'est à la suite de cette belle découverte, que la majorité octroya à son monarque le don joyeux de neuf millions d'excédant, sur lesquels il est juste de dire qu'il a restitué aux cholériques de la capitale, soixante mille francs. De neuf millions à soixante mille francs, à cinq cent soixante mille francs même, il y a encore un peu loin de compte; mais cela ne fait rien. Ne faut-il pas que le roi des Français soit le plus riche monarque de l'Europe, et le peuple français le plus imposé des peuples de cette belle partie du monde ? Comment, disent les doctrinaires, jouirions-nous des douceurs du gouvernement représentatif, si, d'un côté, le roi n'était pas excessivement riche, et, de l'autre, le peuple excessivement pauvre ?

Au surplus, nous sommes les premiers à reconnaître qu'il s'est glissé une légère inexactitude dans notre phrase, lorsque nous venons de dire que Louis-Philippe était le roi le plus riche de l'Europe. Le *plus riche*, cela est vrai ; mais *roi* n'est pas assez, il fallait dire *souverain ;* car il n'y a que les souverains qui aient des *sujets;* et, dans son discours sur la liste civile, M. de Montalivet a bien voulu nous apprendre que Louis-Philippe, le roi bourgeois, le roi citoyen, le délégué du peuple, avait aussi des *sujets.* Des sujets ! lesquels donc ?.... Comment lesquels *!*.... Il a d'abord M. de Montalivet, puis les députés de la France qui, à l'exception de quelques-uns, ont abdiqué leur titre de citoyens et leur portion de souveraineté, et se sont faits humbles au point de se qualifier et de se dire sujets d'un roi ! Et de quel roi ? d'un roi qu'ils ont fait dans une Charte qu'ils ont bâclée.

Les flots d'encens, la prosternation, le front dans la poussière, la profusion des viandes, l'éclat des tableaux, des bijoux et des diamans, les millions d'écus apportés dans des plats d'or, les dons d'argenterie, de meubles, de forêts et de châteaux, les flûtes des musiciens parlementaires, les louanges caressantes et pures de tant de modestie, d'innocence et de simplicité, rien n'a manqué dans ce splendide festin de la liste civile que la nation a servi à Louis-Philippe par les mains de ses économes et désintéressés mandataires.

Nous ne nous inquiétons guères de savoir comment on paiera tout cela, car aux gens qui n'ont ni argent, ni bonne volonté, on envoie des gendarmes, des contraintes et des garnisaires. Mais ce qui nous inquiète véritablement, c'est de savoir comment la postérité croira qu'il s'est trouvé, dix-huit mois après la révolution sociale de juillet, des ministres pour proposer une si énorme liste civile, des députés pour la voter, et un roi pour la recevoir !

O postérité, nous t'en faisons voir de belles !

V.

Après avoir servi le dîner de la liste civile, les fonctionnaires de la chambre se trouvaient en appétit pour avaler le budget.

Nous ne nous arrêterons pas aux facéties de ce bon M. de Lameth qui se juche à tout propos sur son dada de 89 , ni aux néologismes carcassonnais de M. Mahul qui estropie la langue et les contribuables.

Mais nous ne pouvons nous empêcher de prêter, en passant, quelque attention aux sophismes de la doctrine. Leur vénérable pontife nous avait dit qu'il n'y a rien de si dangereux qu'un *prolétaire éloquent*, M. Guizot, son disciple, que les patriotes de juillet étaient la *mauvaise queue* de la révolution; et M. Thiers, le discipla de son disciple, que le budget d'était pas *trop gros comme cela.* Sur quoi, renchérissant, un autre sous-diacre de la doctrine, M. de Rémusat nous a prêché, du haut de sa petite chaire, que l'impôt était le *meilleur des placemens.* Vous voulez peut-être dire pour les gens en place, M. de Rémusat? Non, pour les contribuables ! — Hâtez-vous donc, fortunés contribuables, de porter vos revenus, vos économies, vos emprunts, vos placemens, entre les mains de cet excellent gouvernement qui vous rendra en repos, en prospérité, en bien-être, en liberté, en gloire, tout ce que vous lui prêterez en argent. En vain direz-vous, j'ai tout donné, je suis épuisé, je n'ai plus rien; comment voulez-vous que je prête, que je place? — Placez toujours, vous dis-je; faites ce que vous ne pouvez pas faire; faites l'impossible : croyez-en M. de Rémusat. Ayez la foi, vous serez sauvé!

Après ces théories préliminaires d'économie politique, il a bien fallu aborder les détails de ce monstrueux budget, ministère par ministère, chapitre par chapitre, et subdivision par subdivision.

C'est alors que, dans les parvis infernaux, se font entendre les lamentations, les cris et les grincemens de dents.

Chacun des différens ordres des fonctionnaires chambriers, qui garnissent les bancs de la législature, s'attache au corps du budget comme à une proie. Spectacle amer et piteux pour les contribuables !

Les députés-procureurs-généraux s'écrient qu'on altère l'indépendance de la magistrature et qu'on déshonore la justice, si l'on s'avise de réduire les traitemens des juges.

Les députés-ambassadeurs disent que si la France ne parle pas, dans les cours de la sainte-alliance, un langage ferme, imposant et digne d'elle, il faut du moins qu'elle y brille par le luxe des équipages et la magnificence des festins : et lorsqu'on leur demande pourquoi ils reçoivent à Paris leurs traitemens qu'ils devraient dépenser à Madrid ou à Vienne, ils répondent que l'économie est la vertu des gens prévoyans, qu'ils imitent, en cela, leur auguste maître, et qu'on ne sait pas ce qui peut arriver.

Les députés-militaires soutiennent que le cumul est une excellente chose; que nous ne sommes plus au temps où les généraux marchaient à la victoire avec des souliers usés et des habits tout noircis de poudre; qu'on ne saurait prodiguer aux braves trop d'argent, de décorations, de pensions, de dotations, de titres et d'honneurs; et qu'on ne leur arrachera leurs traitemens qu'avec la vie.

Les députés qui ont été préfets, et ceux qui veulent l'être, s'étonnent qu'on puisse diminuer les frais d'abonnemens et de représentation, et ils demandent comment ils pourront faire danser les femmes, les filles et les belles-filles, et les sœurs et les nièces et les cousines des gens du juste-milieu.

Les députés-conseillers d'état qui siègent tous les jours sur les bancs de la chambre, selon leur devoir, depuis midi précis jusqu'à six heures de relevée, font valoir, pour obtenir l'intégralité de leur salaire, l'immensité de leurs travaux administratifs, et ce tour d'assiduité presque inexplicable, qui permet à une seule personne qui ne touche qu'un seul traitement, de se trouver à la même minute, au même coup de balancier du pendule, en habit de conseiller d'état dans le palais du Louvre, et en frac de député dans le palais Bourbon : c'est prodigieux en effet ! Mais il est vrai de dire que nous sommes dans le siècle des miracles.

Les députés-receveurs généraux, ou ceux qui veulent l'être, et il y a presse, se confondent dans l'exposition innumérable de leurs charges, ils frisonnent de voir qu'on veuille arracher un seul poil du veau d'or, leur idole. A les entendre, la nation est trop heureuse qu'il se trouve des gens assez généreux pour lui prêter leurs millions, et si vous poussez un peu trop M. Thiers sur ce chapitre, il finira par se troubler, par s'attendrir, par se tordre les mains, par larmoyer de vraies larmes sur la destinée de ces pauvres millionnaires, et il vous défiera de rencontrer des capitalistes assez hardis pour consentir à gagner, sans courir gros risque et sans se donner grand'peine, 5o, 6o, 8o mille francs, bon an, mal an. Si bien qu'à la fin de cette discussion, c'était de la dureté de cœur de ces indignes contribuables, dont tant seulement la chambre se lamentait.

Enfin, parmi toutes les variantes et exploration du budget, il n'y a pas un seul cumul qui n'ait été saluée d'une triple salve de bravos, une seule sinécure qui n'ait trouvé pour la défendre des voix compatissantes et des cœurs sensibles, une seule dépense qui n'ait été traitée d'organique et de vitale, une seule économie qui n'ait été appelée séditieuse, désorganisatrice, anarchique, une seule proposition de réforme qui n'ait expiré sous les lazzis d'une moquerie grogneuse, un seul plan d'organisation nouvelle qui n'ait rudement filé, de banc en banc, sous les huées des centres, comme l'utopie d'un cerveau malade, une seule institution du monopole qui n'ait été adulée, caressée, embrassée par les persiffleurs de la doctrine, comme le pur écoulement de la révolution de juillet.

Ce serait chose curieuse de convoquer, si possible était, tous les contribuables, tant agricoles qu'industriels, qui ont tant de peine à économiser pour le percepteur quelques pièces de cent sous, et de leur montrer avec quelle incroyable facilité nos députés prodiguent les millions à pleines mains.

Vous les voyez penchés sur leurs tables, écrire à leurs femmes, gronder un huissier, causer et rire avec leurs voisins.

Un ministre monte à la tribune: de quoi s'agit-il? — C'est quelques millions de plus que notre gouvernement paternel nous demande. — Bah! ce n'est que cela? Ils descendent de leurs bancs; ils font, du bout du doigt, un petit signe, et les millions additionnels s'en vont dans la poche des ministres.

Si même nos prodigues députés trouvent que le ministre n'a pas posé un assez gros chiffre : fausse pudeur, disent-ils, ruineuse économie! Tenez, en voici encore des millions. — Ah! messieurs, c'est trop de bonté; vous avez donc bien de la confiance en nous! — Comment? Mais prenez donc! prenez toujours! la France est bien assez riche pour donner encore cela. Après tout, qu'est-ce que cela nous fait de voter pour elle, pourvu que pour elle nous ne payons pas?

D'autres, oubliant qu'ils sont les députés de la France, n'ont d'yeux et de parole que pour leur endroit. Oh! oh! notre clocher tombe, il faut le relever. — Mais on dit que la grande Loire a noyé toutes les vallées de l'Anjou, de l'Orléanais et de la Touraine, et qu'il faudrait réparer ses digues. — Ça m'est bien égal, pourvu que le ruisseau de mon village ne sorte pas de son lit.

Annulerons-nous le fond d'amortissement, ou du moins les quarante-trois millions de rachat? — Oui, disent les propriétaires fonciers de la chambre. Que nous importe que la rente baisse? Est-ce que nous en avons de la rente? L'essentiel pour nous est de payer moins d'impôts.

—Non pas, répliquent les rentiers législateurs, il faut maintenir et le fond d'amortissement et le fond de rachat; l'impôt sera plus lourd, il est vrai, mais qu'est-ce que cela nous fait? Payons-nous beaucoup d'impôts? Avons-nous beaucoup de terres? L'essentiel pour nous est que la rente, adossée au levier de l'amortissement, remonte au pair et même le dépasse.

Au surplus, si l'on dégrève l'impôt de quarante millions, j'espère bien que ce dégrèvement portera *exclusivement* sur le sel. — Qui parle ainsi? —Eh! ne voyez-vous pas que c'est le député d'un arrondissement salin?

—Ah! il serait bien plus raisonnable de dégrever *exclusivement* les boissons. — Nous n'avons pas besoin de nous retourner pour dire que l'interlocuteur représente un pays vignoble. Le député de Marseille, s'il ne veut pas être lapidé, plaidera pour l'entrepôt des céréales. L'Alsacien et l'Agenois, dussent-ils gagner le choléra, n'ont pas assez de cris et d'emportemens contre le monopole du tabac. Les représentans des armateurs de Dieppe et de Saint-Malo se feraient hacher en petits morceaux , plutôt que de consentir la réduction d'un centime sur les primes de la pêche de la baleine et de la morue.

Et faites bien attention que ce n'est pas en partie, pour un quart , pour moitié , qu'on veut faire à sa denrée l'application du dégrèvement : c'est *exclusivement ;* c'est-à-dire , *tout pour nous , rien pour les autres.*

Vive l'esprit de localité substitué à l'esprit de nationalité ! Voilà comme on fabrique un budget ! Voilà comme on entend , en France , le métier de député de la France !

Nous n'avons pas besoin de dire que tous les votes secondaires de la chambre ont tourné , comme sur un pivot , autour des trois lois de la pairie , de la liste civile et du budget. C'est le même esprit qui les a tous animés. Seulement , à mesure que l'on avançait vers la fin de la session , le choléra de la faveur enveloppait presque tous les bancs sous la difformité de ses ailes, et frappait çà et là les tempéramens les plus patriotes et les plus robustes.

Décrire et analyser , une à une , toutes ces lois intermédiaires , ce serait se rapetisser à leur taille , et recommencer pour nos lecteurs le primitif ennui de leur discussion.

Peignons plutôt , à grands traits , la physionomie générale de la majorité , du ministère , et de l'opposition.

VI.

La majorité rejette toutes les propositions législatives des députés, quelles qu'elles soient , comme attentatoires à la prérogative royale.

Elle crie et s'émeute contre tous les discours sérieux et développés, et elle ne fait silence que lorsqu'un ministre monte à la tribune , comme si le gouvernement représentatif ne consistait pas dans le contrôle perpétuel des actes du pouvoir, et dans l'étude raisonnée des systèmes d'administration les plus utiles au pays.

Elle repousse toutes les demandes d'économies comme autant d'attaques personnelles.

Elle substitue le nombre au droit , et les murmures à la raison.

Elle plonge , des deux mains , les membres de la gauche , dans les souillures de l'émeute et de la sédition.

Elle envahit à la fin tellement les commissions des bureaux , que , sur soixante-trois commissaires, on en compte cinquante-neuf ministériels ; en sorte que les arrondissemens patriotes de la France sont condamnés à l'ilotisme dans la personne de leur représentant.

Elle vote contre les épargnes , en rejetant les amendemens qui proposent d'abolir les cumuls , les sinécures et les pensions illégales ou monstrueuses des chouans, des ministres, des pairs et des sénateurs.

Elle vote contre la révolution de juillet elle-même , en contraignant M. Salverte à retirer la loi sur les honneurs du Panthéon.

Elle vote contre la liberté de la presse, en accordant 1,500,000 fr. de fonds secrets de police qui serviront à l'amortissement des journaux.

Elle vote contre l'armée, en remettant l'avancement des officiers au caprice de l'arbitraire ministériel.

Elle vote contre la liberté communale, en suspendant l'organisation des municipalités dans plusieurs départemens.

Elle vote contre les intérêts des consommateurs, en maintenant les limites prohibitives du commerce des céréales.

Elle vote contre le soulagement des contribuables, en conservant dans leur intégralité le fardeau de l'amortissement, les impôts sur les boissons, le sel, le tabac, et les autres charges qui pèsent plus particulièrement sur les classes pauvres et souffrantes.

Elle vote, au mépris des droits sacrés de l'hospitalité, et contre l'honneur, la dignité et la gratitude de la France, une indigne loi d'amour qui parque nos frères du Nord, les glorieux Polonais, dans l'emprisonnement d'une ville désignée par la police. Instruisez-vous, peuples de la terre ; apprenez de notre chambre le sort que nous vous réservons, lorsqu'il vous prendra l'héroïque fantaisie de nous défendre, et de vouloir mourir pour nous !

Elle vote la loi la plus importante pour elle et pour la France, la loi qui implique et résout toute les grandes questions de l'économie politique, la loi mère, la loi vitale ; la loi des recettes, en deux séances, en moins de temps qu'il n'en faudrait pour délibérer sur la transposition d'une virgule de son réglement, ou sur l'appareil de chauffage de ses couloirs.

Enfin, dans les derniers momens, elle est si pressée d'en finir, si hâletante de peur, si dégoûtée de sa vie, si lasse des autres et d'elle-même, qu'elle entasse pêle-mêle, coup sur coup, lois sur lois, tant qu'on en veut, tant qu'on lui en présente, sans examen, sans discussion, sans nul souci de ce qu'elle fait, ou plutôt de ce qu'on lui fait faire, machinalement, à demi soulevée sur ses bancs ou scrutant à l'aventure.

Le président, qui se croit au prône, marmotte et s'enroue à précipiter la lecture confuse de toutes ses paperasses législatives. Les questeurs essoufflés suent, dépêchent, griffonnent, et battent le rappel dans tous les quartiers. Mais c'est en vain : la repréeentation nationale s'est évanouie comme une eau qui passerait à travers un crible. Les bancs du centre sont déserts, les cris rauques de la clôture ne se font plus entendre, et les mugissemens ont cessé.

Voyons maintenant ce qu'a fait le ministère.

Le ministère a bourré la chambre d'une surcharge de lois que son estomac ne pouvait digérer, il l'en a gorgée, il l'en a enivrée, il l'en a étourdie ; il savait bien qu'en ne lui laissant pas, dès le commencement, le temps de respirer, en la parquant dans les commissions, en la ramenant sans cesse de la chambre aux bureaux, et des bureaux à la chambre, il fatiguerait, il dompterait cet appétit d'impatience, cette furie française qui se rebute bientôt des alimens trop abondans qu'on lui jette à dévorer. De tels calculs, détestables sans doute pour un ministère national, ne manquaient pas d'adresse pour un ministère qui ne songe qu'à lui, à lui seul, au soin unique et absorbant de vivre de sa vie individuelle, et de se conserver dans ses lucres, pouvoirs et honneurs.

Au ressort de la fatigue, il joignit habilement celui de l'intrigue et celui de la peur.

Avec l'intrigue, il se ménagea des intelligences dans toutes les parties de la chambre ; il rompit, par l'intrusion et le mélange de ses affidés sur les bancs même de l'extrême droite et de l'extrême gauche, les votes et l'harmonie de l'opposition. Il plaça des chefs de file déliés, hardis et bruyans, dans le centre plein et sur les flancs des diverses sections. Il donna le mot d'ordre à la réunion de la rue de Rivoli, où toutes les grandes mesures étaient concertées d'avance, et où l'on ne s'amusait pas à faire des phrases, mais à prendre des résolutions promptes et décisives. Dans chacun des bureaux et pour chaque projet de loi, le nom du commissaire ministériel était, à l'avance, désigné par la coterie, nom souvent obscur, mais le secret de plaire au majorités, est de flatter, par des concessions puériles, les vanités plus puériles encore de la médiocrité. D'ailleurs, les médiocrités sont la facile proie d'un ministère fin et retors.

Aux députés timides on faisait peur. Puis, quand le ressort se débandait, on le remontait avec l'appareil d'une émeute que les machinistes du ministère tiraient fort adroitement par une trappe du fond de la coulisse. Chose remarquable ! l'effet de cette fantasmagorie n'a jamais manqué.

Aux députés honnêtes, mais vaniteux, on laissait croire que le ministère tenait singulièrement à la gloire de leur appartenir, qu'ils étaient l'ame de tous ses conseils, que leur étroite cervelle était aussi vaste que la tête de Jupiter Olympien, et que, par la sagesse, l'énergie et l'unité de leurs résolutions, ils sauvaient régulièrement la France deux ou trois fois, et tout au moins une fois par mois.

Aux députés aristocrates des centres, on offrait en perspective sur un plan d'optique incliné, les douceurs reposées de la pairie ; aux députés flottans de l'opposition, l'indépendance d'une magistrature inamovible ; aux députés de l'armée, des grades et des commandemens ; aux députés industriels, des préférences de concessions et des bénéfices de fournitures ; aux députés obscurs du barreau ou de la magistrature de province, les honneurs du parquet ou la robe rouge de conseiller dans le ressort de leur endroit, enfin, aux députés riches et cacochymes, le ruban de la légion-d'honneur, pourvu que leur impatiente vanité n'en fît pas briller trop tôt le liseret à leur boutonnière.

C'est ainsi que le ministère a su se construire une majorité, qui, l'œil ardent et le jarret tendu, l'aurait suivi, à l'odorat, au travers des monts et des halliers, et s'il l'eût fallu, jusque par-dessus la grande muraille de la Chine. Heureux les ministres qui peuvent inspirer de pareils dévouemens ! Plus heureuse la France que représentait une majorité si fidèle et si pure !

Quant à l'opposition, on ne pouvait exiger d'elle ni cette énergie de tempérament, ni cet esprit de nationalité, qui ne procèderont jamais du monopole électoral ; ni cette complète indépendance qui ne s'accommode point du cumul des fonctions publiques, même inamovibles, avec la dignité sérieuse et les labeurs assidus de la députation ; ni cet ensemble de principes et d'action qui ne peut résulter que d'une opposition largement systématique.

Elle aurait dû ne pas trop abuser du moyen des protestations collectives qui mettent en évidence et à nu la force des partis, et, par le seul rapprochement des chiffres, donnent gain de cause au plus nombreux ; qui ne placent pas seulement en présence l'opposition et les ministres, mais l'opposition et la majorité ; enfin, qui n'exprimant pas sincèrement, aux yeux de la France, le chiffre réel de l'opposition dans une chambre dont près d'un tiers se compose de fonctionnaires publics, hardis et patriotes lorsqu'il faut plonger une boule noire dans le secret de l'urne, timides et ministériels lorsqu'il faut apposer sa signature au bas d'un acte de protestation.

Elle aurait dû n'avouer et ne soutenir que les propositions et amendemens concertés dans ses réunions préparatoires ; ne pas se faire renvoyer par des démentis formels des imputations légères ; nommer dans son sein des commissions spéciales pour étudier chaque projet de loi, et désigner à l'avance les orateurs qui devaient, selon les cas, attaquer ou défendre.

On peut lui reprocher de ne pas s'être serrée avec assez de vivacité, d'à-propos et d'ensemble, autour de ses chefs naturels ; de s'être tue lorsqu'on calomniait des populations innocentes, lorsqu'on opprimait la voix de ses orateurs par les murmures de la majorité, lorsqu'on persécutait la presse ; d'avoir, en partie, voté contre le ministère, cette fois-ci libéral, dans la loi des grains ; d'avoir, en adoptant les catégories amendées, délaissé implicitement le principe de l'élection ; d'avoir renouvelé la même faute dans la loi de proscription et d'amour contre les Polonais ; d'avoir trop mollement résisté à la loi exceptionnelle contre les municipalités.

Pour tout dire, en un mot, depuis la révolution de 1830, le principe fondamental de la souveraineté du peuple n'a pas été assez présent devant les yeux de l'opposition, avec toutes ses conséquences politiques et sociales ; avec ses conséquences politiques, qui sont l'égalité des droits et des charges, et l'élection par-tout ; avec ses conséquences sociales, qui sont l'amélioration physique, morale et intellectuelle du peuple.

L'opposition parlementaire porte la peine des fautes de juillet. Elle a, par deux fois, lorsqu'on fit la charte et la loi des élections, déserté la nationalité, et pour la punir, la nationalité l'abandonne. La presse seule a compris la grandeur de sa mission, la presse seule a sauvé le pays, la presse seule le représente.

Toutefois, de même que, depuis la révolution de juillet, la presse libérale a été moins personnelle, moins calomnieuse, moins vindicative que la presse ministérielle, de même la droite et la gauche de la chambre n'ont opposé aux invectives passionnées des centres, que l'énergie d'une conscience pure ou le silence du dédain.

Nous devons même reprocher à quelques membres de l'opposition, d'avoir poussé la longanimité jusqu'à l'indifférence, et l'abnégation jusqu'au dégoût. Quels sont donc ces cœurs sans fortitude, qui désespèrent du salut de la France ? Quels sont ces mandataires du peuple qui songent à abandonner le peuple, à fuir devant l'ennemi et à quitter le combat avant la victoire ? Est-ce qu'ils ne savent pas qu'aujourd'hui le sort des députés patriotes est d'être méconnus, poursuivis, bafoués, avilis, outragés, et de subir tour-à-tour les menaces du pouvoir ou l'humiliation de ses caresses ? S'ils ne se sentaient pas assez forts pour porter sur leurs épaules le fardeau de la calomnie, que ne le laissaient-ils à terre où d'autres mains l'auraient ramassé ? Se figurent-ils donc que la liberté, cette plante du Ciel, croisse sans patience et sans culture, dans le sol ingrat de la monarchie ? Non, nous ne céderons point à ce désenchantement de l'ame, à ces fatigues du dégoût, à ces abattemens, à ces tristesses, à cette noire mélancolie, qui mirent Benjamin Constant au tombeau, lorsque les derniers et pâlissans rayons du soleil de juillet s'éclipsèrent à ses yeux. Que les doctrinaires fassent ce qu'ils voudront du présent ; qu'ils se disputent, comme des vautours de nuit, la tête et les membres d'un cadavre : le mouvement, la vie et la lumière sont avec nous. L'Europe est en travail d'une civilisation nouvelle, et l'avenir nous appartient !

Après avoir caractérisé les actes, l'esprit, les tendances et les fautes de la majorité, du ministère et de l'opposition, nous ne nous arrêterons pas sur le remplissage ministériel de la plupart des séances.

Si l'on veut comparer la durée du temps à son emploi, y eut-il jamais de session plus vide que celle-ci ? Appel nominal, séances tardives, disputes continuelles sur le sens du réglement, récriminations pour des faits personnels, interpellations oiseuses, scrutins inutiles, communications sur les émeutes, incidens de toute nature, initiatives perdues, amendemens saugrenus, troubles, tapages, rappels à la question, ordres du jour motivés, cris, rires, bâillemens, vociférations, clôture, suspensions de séances, ajournemens, oraisons démesurées, dissertations d'histoire, de doctrine et de

2

technologie, questions mal posées et mal entendues : c'est dans ces divertissemens fort peu gais, que s'est passée une bonne partie de la session. Qu'y a gagné la France? C'est à elle à le dire.

Après neuf mois de la législature la plus tumultueuse, la plus fatigante et la plus remplie de riens, nous avons gracieusement octroyé au plus citoyen de tous les rois, vingt millions pesant d'écus, pour l'entretien modeste de la monarchie bourgeoise.

Nous nous sommes mis sur le dos un budget si lourd qu'il dépasse les forces de l'impôt ordinaire, de plus de cinq cent cinquante millions.

Nous avons organisé une pairie ministérielle, troisième roue de carosse, montée sur les ressorts boîteux des catégories ; et pour faire aller cette pauvre machine, nous avons faussé le principe de la souveraineté du peuple. Voilà les trois œuvres capitales de la session : Le reste à l'avenant.

Et cependant, nous n'avons ni loi municipale qui affranchisse les localités des liens de la centralisation, et qui communique la vie et la circulation à leurs membres engourdis et paralysés ; ni loi départementale qui régénère les conseils-généraux dans les sources vives de l'élection, et qui donne à tous les départemens des représentans indépendans, sincères, éclairés, de leur esprit, de leurs vœux et de leurs besoins ; ni loi sur l'expropriation pour cause d'utilité publique, qui, par l'abréviation des délais et la réduction des indemnités foncières, aurait créé d'immenses moyens de travail, en permettant d'entreprendre et d'ouvrir, sur tous les points de la France, des places publiques, des ports, des quais, des ponts, des canaux, des routes et des chemins de fer ; ni loi sur le conseil-d'état, qui restreigne ses attributions, qui institue sa juridiction, qui purge ses cumuls et qui assure son indépendance ; ni loi sur la responsabilité des ministres et des agens secondaires du pouvoir, qui spécifie les cas d'autorisation et la qualité des fonctionnaires garantis, et qui ouvre aux parties lésées l'exercice de l'action civile ; ni loi sur l'enseignement qui fournisse aux pauvres l'éducation primaire gratuite, et aux riches l'instruction supérieure, libre.

Nous avons dit le mal que le ministère et la majorité de la chambre élective nous ont fait, et le bien qu'ils ne nous ont pas fait. Les acteurs de la tragi-comédie du 13 mars sont au bout de leur rouleau ; le premier chef d'emploi vient de trébucher sur la scène ; la toile tombe et la farce est jouée.

Si nous ne passons point en revue les travaux législatifs de la pairie ; si nous ne disons rien de la forme, de l'esprit et de l'influence de ses actes, c'est que nous avons voulu seulement nous occuper de ce qui, de près ou de loin, pouvait avoir quelque chose de national ; de ce qui, tant mal que bien, pouvait exprimer l'opinion du pays ; de ce qui, grand ou petit, pouvait jeter son grain de sable dans la balance de nos destinées. Nous ne pensons pas que la pairie ait, le moins du monde, aucune de ces trois prétentions-là.

Fille de plusieurs pères, qui pourrait reconnaître son sang, et dire son nom ? On l'a mutilée par la tête ; on l'a mutilée par les bras et par les jambes ; on l'a mutilée par les organes de la génération. Elle marche cependant, ou plutôt elle se traîne ; elle vit cependant, ou plutôt elle végète, tant que végèteront les autres fictions du gouvernement représentatif.

En résumé, où nous a conduit le funeste système du 13 mars ? Qu'a-t-il produit? Quels sont ses résultats au-dehors et au-dedans ? Au-dehors, que voyons-nous ?

VII.

En Italie, l'Autriche se tient l'arme au bras, sous les murs d'Ancône, et déjà le signe glorieux de la régénération italienne, le drapeau tricolore ne flotte plus au haut de ses tours.

La France, qui naguères envoyait un simple auditeur au conseil-d'état gouverner Rome, la métropole de la chrétienté, courbe aujourd'hui le front de ses ambassadeurs sous le pardon injurieux du pape.

La Pologne chassée, comme une esclave, du sein de ses foyers, les mains liées derrière le dos, les pieds souillés de fange et de blessures, s'en va, par troupeaux, le long des routes, ensevelir dans les déserts de la Sibérie, ses femmes, ses vieillards, ses enfans, ses héros, son nom, nom généreux qui fait couler nos larmes, qui fait battre nos cœurs, et sa nationalité qui, vous l'entendez, Français ! car c'est vous qui l'avez dit, sa nationalité qui ne devait *jamais périr!*

L'Espagne, abrutie par le despotisme, menace de défendre contre don Pédro, le monstre qui ensanglante le Portugal : du sommet des Pyrénées, comme un aigle du haut de son aire, elle convoite la proie de notre Midi.

La Sardaigne, docile aux inspirations de l'absolutisme, nous observe, et l'Autriche, qui amoncèle dans la Lombardie les flots de ses soldats, hérisse de batteries les gorges des frontières, et s'échelonne, dans le silence, sur nos flancs.

La Russie, concentre ses forces sur la Vistule ; elle marche, contre-marche, et s'avançant à mesure qu'elle se retire, en quelques évolutions, lorsqu'il le faudra, elle apparaîtra, toute attelée, sur les bords du Rhin.

La Prusse, qui se penche sur nous, n'est plus retenue que par un fil. La guerre bouillonne dans le sein de sa jeune armée. Elle rêve déjà nos vins de France et le démembrement de nos provinces.

L'Angleterre, travaillée par les insurrections périodiques de l'Irlande, par la misère toujours croissante de ses populations indus-

trielles et par le révolutionnaire rejet de son bill de réforme, consenti-
ra peut-être encore quelque temps à nous faire la grace de son alliance
douteuse, pourvu, toutefois, que nous n'entrions pas en Belgique,
que nous sortions d'Ancône, que nous ne secourions pas don Pédro
et que nous désertions Alger.

Il n'est pas jusqu'au roi de Hollande qui n'envoie happer, sur le
territoire belge, les sujets de Léopold, dont le débonnaire ministre,
au récit de ce guet-à-pens, fume tranquillement sa pipe, en disant
que ce n'est rien, comme ces gens qui, après avoir reçu bravement
vingt coups de pieds au bas des reins, ôtent leur chapeau et s'en
vont.

Et nous, mendiant des ratifications qui n'auraient pas mis plus
de temps à arriver, si elles avaient fait le tour du monde, et qui,
arrivant, ne signifient absolument rien ; nous, nation de trente-trois
millions d'hommes, nous rampons devant les ambassadeurs de la
triple alliance, de genou en genou, jusqu'à les rendre honteux pour
nous de notre peur et de nos dynastiques humilités !

Comment nos ministres, s'ils avaient été moins préoccupés des
intérêts d'une famille que des intérêts de leur nation, n'ont-il pas
vu que l'eau n'était pas plus contraire au feu, et le jour à la nuit,
que la liberté à la tyrannie, et la souveraineté du peuple à la légitimité des despotes ? Non, quoique fassent les protocoles, la terre
d'Europe est trop étroite pour porter concurremment ces deux principes opposés. On ne peut pas plus les empêcher de lutter l'un contre
l'autre, que deux nuages, poussés par des vents contraires, de se
choquer et de s'engendrer la foudre.

On n'a point la paix seulement parce que l'on veut la paix. On l'a
parce qu'on a détruit la cause de la guerre.

Le ministère insensé du 15 mars ressemble à l'autruche qui, lorsque le fer ennemi est à deux doigts de son flanc, cache sa tête sous
son aile pour ne le point voir.

Mais lorsque les feux de la guerre extérieure jailliront à la fois sur
tous les points de nos frontières ; lorsque les verdets du Midi arbore-
ront l'oriflamme de la légitimité ; lorsque quarante mille soldats
seront occupés, nuits et jours, à poursuivre de buisson en buisson,
les bandes de l'Ouest ; que diront alors les partisans de la paix à
tout prix, de la quasi-légitimité et des lois d'exception, les vantards
de l'ordre légal, les étalagistes du doctrinarisme forain, les atlas du
protocole, les sauveurs de la France ?

Ils nous diront peut-être qu'ils l'ont mise dans un si grand état de
défense, étayée de si fortes institutions, pourvue de tant de ressour-
ces, chauffée d'un si beau feu, assise enfin sur tant de joies, d'u-
nion et de popularité, qu'elle est capable de faire face à tout, et de
triompher de tous les obstacles.

Eh bien ! puisqu'ils se vantent de leurs œuvres, les voici :

Le principe de la souveraineté du peuple foulé aux pieds ; les conséquences de la révolution de juillet reniées, honnies, persifflées ; les chouans ménagés, et les patriotes fonctionnaires, destitués ; les patriotes députés calomniés ; les patriotes gardes nationaux, désarmés ; les patriotes journalistes, jetés dans les cachots, et les patriotes simples citoyens, notés à l'encre rouge sur les carnets de la police ; les émeutes étouffées là pour renaître ici sous mille prétextes et sous mille formes ; la vie des hommes au bout de l'épée d'un sergent ; les places publiques abreuvées, sans sommation préalable, par le meurtre des citoyens ; des conspirations ourdies par les embrigadeurs et grossies par les réquisitoires, qui tombent sous les verdicts du jury, au bruit des sifflets ; la presse, flagellée comme une prostituée et traînée par les cheveux, dans les prisons du juste-milieu ; les rénégats du libéralisme s'installant triomphalement dans les chaises curules des députés, dans les préfectures, au conseil-d'état, dans les tribunaux et dans l'armée ; les gardes nationales de Perpignan, de Lyon, de Grenoble, de Carcassonne, licenciées ; les municipalités libérales dissoutes : les guerriers de l'ordre légal, rémunérés, décorés, applaudis, caressés, pour de funèbres exploits ; le Midi aux prises avec les verdets et l'Ouest avec les chouans ; la liberté fustigée à coups de lanière, comme ces esclaves rebelles que les romains envoyaient tourner la meule et broyer le pain de la misère et du désespoir ; des populations administratives brutalement mises hors de la loi ; les fonds secrets de la police employés à couvrir nos rues et nos places de sbires et d'espions, comme si nous vivions dans les angoisses d'une conspiration permanente ; les héroïques Polonais parqués à l'instar des prisonniers de guerre ; l'instruction primaire négligée ; les entreprises de chemins et de canaux arrêtées dans leur marche et serrées au cou par l'étranglement des formalités ; les dévouemens ministériels achetés par quelque méchant bout de ruban rouge ; tous les emplois, honneurs, salaires et dignités, exclusivement prodigués aux séïdes du ministère ; les commissions, même gratuites, composées d'hommes de coterie ; une aristocratie d'agiot, substituée à l'aristocratie de cour, gorgée d'or, pleine de mépris pour le peuple ; et tremblant de tous ses membres sous les ailes reployées de la peur ; le commerce anéanti, l'agriculture ruinée et la bourse florissante ; les propriétaires appauvris et les fonctionnaires dans l'abondance ; une population hâve, flétrie, déguenillée, épuisée de faim et de misère, et tombant par monceaux sous le souffle pestilentiel et glacé du choléra ; le passé presque regretté et l'avenir chargé de tempêtes ; l'enthousiasme éteint et le patriotisme dérouté ou perverti ; la torpeur de l'égoïsme s'infiltrant par degrés, comme le froid du poison, du cœur aux extrémités de l'empire ; une camarilla sourde, haineuse et grossière, tendant les fils de sa contre-police dans l'ombre ; rien de généreux, rien de grand rien d'organisé, rien de complet ; rien pour la gloire, rien pour la liberté, rien pour le peuple, rien de national, rien de français ; point de génie dans les conseils, point d'unité dans l'exécution ; la France, passée de l'état inflammatoire, au marasme de la chronicité ; un roi irresponsable qui préside ; un ministre responsable qui ne gouverne pas ; des chambres sans conscience du présent et sans intelligence de l'avenir, qui, sur la fin, tissaient des lois comme d'autres machines tissent des bas ou des jupons, des plaies envenimées qui rongent le cœur de l'état, et sous des chairs morbides, une société qui suppure, et qui se fond.

Voilà le juste-milieu, voilà ses œuvres !

Quoi ! serait-il vrai que nous dussions périr ? Quoi ! serions-nous éternellement condamnés à passer tour à tour sous les fourches des cosaques ou des doctrinaires ? Non ! Esprit de liberté qui animas nos ancêtres, marche lorsque notre voix t'aura fait sortir du tombeau. Fortune de la France, sauve-nous !

GRENOBLE,

IMPRIMERIE DE J.-L. BARNEL, RUE SAINT-ANDRÉ, N° 4. - 1832.